CLARA SCHUMANN

Jubiläums-Liederalbum

Anniversary Songbook

14 Lieder für mittlere-tiefe Singstimme und Klavier
14 songs for medium-low voice and piano

in Zusammenarbeit mit dem / in partnership with
Schumann-Haus Leipzig

EDITION PETERS
PUBLISHED BY FABER MUSIC
LEIPZIG · LONDON · NEW YORK

Umschlagbild / Cover image: Ausschnitt aus Leipzig von der Süd-West-Seite,
in: Leipzig mit Umgebungen, Lithographie von Roland Weibezahl nach einer
Zeichnung von Gustav Frank, Leipzig: Louis Rocca um 1840 (Stadtgeschichtliches
Museum Leipzig, Inv.-Nr. 157a, Objekt S0001607)

Werkeinführungen zu allen Stücken / Introductions to each song: Frances Falling, Schumann-Haus Leipzig.
© 2019 by C. F. Peters Ltd & Co. KG, Leipzig

Englische Übersetzung der Werkeinführungen / English translation of the introductions: Frances Falling
© 2019 by C. F. Peters Ltd & Co. KG, Leipzig

Englische Übersetzung der Liedtexte / English translations of the lyrics: Arne Muus
© 2019 by Peters Edition Ltd, London

Clara Schumann, Anniversary Songbook – Medium-low voice version
Piano accompaniments recorded on 11–12 December 2018 at Master Chord Studio, London,
performed by Daniel Grimwood.
Daniel Grimwood is represented by EPAM, Edition Peters Artist Management.
℗ and © 2019 by Peters Edition Ltd, London

EDITION PETERS 11570b

ISMN 979-0-014-13332-0

Inhalt · Contents

Vorwort

Clara Schumann war zweifellos die bedeutendste Pianistin des 19. Jahrhunderts. Bereits als Neunjährige gab sie ihr Debüt im Gewandhaus zu Leipzig und konzertierte insgesamt über 60 Jahre auf allen wichtigen Bühnen Europas. Wir werden dieser faszinierenden Persönlichkeit aber nicht gerecht, wenn wir sie allein auf diese eine Rolle festlegen. Clara Schumann war mehr: Komponistin, Pädagogin, achtfache Mutter, Webegleiterin Robert Schumanns und unermüdliche Botschafterin seiner Werke.

Als Komponistin trat sie das erste Mal im Alter von elf Jahren in Erscheinung. In dieser Zeit veröffentlichte ihr Vater Friedrich Wieck ihre op. 1. Dieses und die folgenden Klavierwerke wurden Bestandteil von Claras Konzertprogrammen und fügten ihrem Wunderkind-Image eine besondere Facette hinzu. Höhepunkt dieser Entwicklung war die Uraufführung ihres ersten Klavierkonzertes op. 7 unter der Leitung des damaligen Gewandhauskapellmeisters Felix Mendelssohn Bartholdy – mit 16 Jahren!

Bei der Orchestrierung des Klavierkonzertes half ihr Robert Schumann, und er war es auch, der die auf dem Gebiet der Komposition längst nicht so selbstsichere Clara stets ermutigte, eigene Werke zu verfassen. So entstanden ab dem Hochzeitsjahr 1840 unter anderem eine Vielzahl an beeindruckenden Liedkompositionen, wobei der op. 12 hier eine gesonderte Stellung einnahm: Drei der zwölf Vertonungen von Gedichten Friedrich Rückerts trug Clara zu diesem Gemeinschaftswerk mit Robert Schumann bei. Seine Worte gaben Zeugnis über die Intention dieses ungewöhnlichen Vorhabens: „Wir geben dann auch Manches unter unseren beiden Namen heraus; Die Nachwelt soll uns ganz wie ein Herz und eine Seele betrachten und nicht erfahren, was von Dir, was von mir ist." Das Titelblatt des Erstdrucks wies bewusst nicht auf die Autorenschaft der einzelnen Lieder hin.

Die drei Lieder aus op. 12 zählen neben dem Klaviertrio op. 17 und den drei Romanzen für Klavier und Violine op. 22 zu den besten Kompositionen Clara Schumanns. Der folgende Liederzyklus op. 13 fand auch bei ihrem Mann höchste Anerkennung. All diese Werke stammen aus den ersten Ehejahren Clara Schumanns, als das Paar im heutigen Schumann-Haus in Leipzig lebte.

Ehe, Familie und Konzerttätigkeit ließen ihr jedoch wenig Raum für das eigene Komponieren, das eher den Rang einer – allerdings erhebenden – Freizeitbeschäftigung einnahm. So notierte sie am 10. Juni 1853 in ihr Tagebuch: „2 Lieder von Hermann Rollett aus ‚Jucunde' komponiert. Es macht mir großes Vergnügen, das Komponieren. Mein letztes Lied hab ich 1846 gemacht, also vor 7 Jahren!" Wenige Tage später schreibt sie: „Ich habe heute das sechste Lied von Rollett komponiert und somit ein Heft Lieder beisammen, die mir Freude machen und schöne Stunden verschafft haben [...]. Es geht doch nichts über das Selbstproduzieren, und wäre es nur, daß man es täte, um diese Stunden des Selbstvergessens, wo man nur noch in Tönen atmet" (Eintrag vom 22. Juni 1853, nach Berthold Litzmann, , Bd. 2, Leipzig 1905, S. 274).

Nach ihrem Tod 1896 gerieten Clara Schumanns Werke zunehmend in Vergessenheit. Die Zeit war einfach noch nicht reif, dem bestehenden Vorurteil, Frauen könnten nicht komponieren, entgegenzutreten. Im Falle Clara Schumanns setzte erst durch die wissenschaftliche Auseinandersetzung mit ihrem Schaffen am Ende des 20. Jahrhunderts ein Umdenken ein. Heute rücken ihre Werke wieder zunehmend ins Bewusstsein – völlig zu Recht, denn gerade am Beispiel ihrer Lieder wird deutlich, welch musikalische Tiefe in ihren Kompositionen steckt.

Preface

Clara Schumann was without doubt the most significant female pianist of the 19th century. At the age of just nine she gave her debut at the Gewandhaus in Leipzig and then proceeded to perform on all of the important stages in Europe for more than 60 years. However, to consider her only as a pianist is to fail to give her the credit she deserves: she was also a composer, pedagogue, mother of eight, Robert Schumann's lifelong companion and a tireless ambassador of his works.

Her first public appearance as a composer was at the age of eleven. At this time, her father Friedrich Wieck published her *Quatre Polonaises* Op. 1. This piano work and those that followed became part of the standing repertoire of Clara's concert programmes and added a special facet to her image as a child prodigy. This development reached its peak with the premiere of her first piano concerto op. 7 under the musical direction of the then Gewandhauskapellmeister, Felix Mendelssohn Bartholdy – when she was only 16.

Robert Schumann helped her with the orchestration of her piano concerto; in fact, it was he who always encouraged Clara to write her own pieces – she was not nearly as self-confident in the area of composition as in performance. And so, beginning with their first year of marriage in 1840, alongside other works, numerous impressive Lied compositions appear, among which *Liebesfrühling* Op. 12 takes a special place: three of the twelve settings of Friedrich Rückert's poems in this joint work by the Schumann couple were composed by Clara. Robert's words testify to the intention of this remarkable proposal: 'We shall then also publish many a thing under both of our names; posterity should see us as one heart and one soul and should not know what is from you, what is from me.' The title page of the first print purposefully did not indicate the authorship of the individual songs.

The three songs from her op. 12 are counted among Clara Schumann's best compositions, besides the Piano Trio Op. 17 and the Three Romances for piano and violin Op. 22. The song cycle op. 13 that followed also received her husband's greatest recognition. All of these works originate from Clara Schumann's early years of marriage, during which time the couple lived in today's Schumann-Haus in Leipzig.

Marriage, family and performing, however, did not allow her much room for her own composing, which tended to take the role of a pastime, albeit an uplifting one. And so she writes in her diary on 10 June 1853: 'Set two songs of Hermann Rollett's *Jucunde*. Composing gives me great pleasure. I wrote my last song in 1846, seven years ago!' A few days later she writes: 'Today I set the sixth song by Rollett, and thus I have collected a volume of songs, which gives me pleasure, and has given me many happy hours [...]. There is nothing which surpasses the joy of creation, if only because through it one wins hours of self-forgetfulness, when one lives in a world of sound' (entry dated 22 June 1853, quoted in Litzmann, Berthold, Grace E. Hadow, and W H. Hadow, *Clara Schumann: An Artist's Life Based on Material Found in Diaries and Letters*. London: Macmillan, 1913, p. 36–37).

After her death in 1896, Clara Schumann's works progressively faded into obscurity. The time was simply not yet ripe to challenge the existing preconception that women could not compose. In Clara Schumann's case, the scholarly examination of her works, starting at the end of the 20th century, instigated a change of thinking which has led to an increasing, and completely justified, appreciation of her work; her Lieder in particular are shining examples of the musical depth of her compositions.

Gregor Nowak, 2019
Schumann-Haus Leipzig
(Translation: Frances Falling)

Walzer

Audio: backing track no. 1

Umfang / range: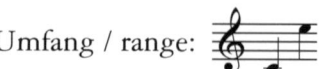

Als sie dieses Lied komponierte, hatte die vierzehnjährige Clara Schumann bereits eine Konzerttournee nach Paris mit ihrem Vater hinter sich sowie mehrere Auftritte als Solopianistin im Gewandhaus zu Leipzig und in anderen deutschen Städten. 1833 ordnete ihr Vater Privatunterricht an; renommierte Leipziger Musiker – Thomaskantor Christian Theodor Weinlig und Musikdirektor und Opernkomponist Heinrich Dorn – unterrichteten sie regelmäßig in Musiktheorie und Komposition. Diese intensive kompositorische Beschäftigung trug besonders im nächsten Jahr Früchte, als Clara Wieck mit fünfzehn Jahren ein eigenes Klavierkonzert komponierte.

Für die Vertonung dieses Gedichtes von Johann Peter Lyser (Pseud. für Ludwig Peter August Burmeister) greift die Komponistin zu den Mitteln der Opernarie und schreibt eine beschwingte und eindringliche Melodie für die Singstimme. Die brillanten, virtuosen Zwischenspiele im Klavier passen perfekt in ihr jugendliches Konzertrepertoire. Als Wunderkind trat Clara Wieck vor allem mit technisch herausfordernden Bravourstücken auf, mit denen sie als Virtuosin glänzen konnte.

By the time she composed this song, fourteen-year-old Clara had already completed a concert tour to Paris with her father, as well as appearing as solo pianist in numerous performances in the Leipzig Gewandhaus and in other German cities. In 1833, her father organized private lessons for her: renowned Leipzig musicians – the Cantor at St Thomas, Christian Theodor Weinlig, and the music director and opera composer, Heinrich Dorn – came regularly to instruct her in music theory and composition. The intensive cultivation of her composition skills bore fruit, especially during the following year, when she composed her own piano concerto at the age of fifteen.

In this setting of a poem by Johann Peter Lyser (a pseudonym for Ludwig Peter August Burmeister), the composer writes, in the style of an opera aria, a spirited and compelling melody for the singer. The brilliant, virtuosic piano interludes reflect perfectly the concert repertoire of the youthful Clara; as a child prodigy, Clara Wieck's performances featured technically challenging showstoppers that allowed her to shine as a virtuoso.

Walzer

Horch! Welch ein süßes harmonisches Klingen,
Flüstern erhebt sich zum jubelnden Laut.
Lass mich dich, reizendes Mädchen, umschlingen
wie ein Geliebter die liebende Braut.

Komm! Lass mit den wogenden Tönen uns schweben,
die uns wie Stimmen der Liebe umweh'n:
So uns der seligsten Täuschung ergeben,
glücklich es wähnen, was nie kann gescheh'n.

Auge in Auge mit glühenden Wangen,
bebende Seufzer verlangender Lust!
Ach! Wenn die Stunden der Freude vergangen,
füllet nur trauernde Sehnsucht die Brust.

Nimmer erblüht, was einmal verblüht,
nie wird die rosige Jugend uns neu,
o drum, ehe das Feuer der Herzen verglüht,
Liebe um Liebe, noch lächelt der Mai.

Johann Peter Lyser (eigentlich / real name:
Ludwig Peter August Burmeister, 1804–1870)

A Waltz

Hark! What a sweet, harmonious sound,
Rising from a whisper to jubilant noise.
Darling girl, let me embrace you,
As a lover does his loving betrothed.

Come! Let us soar with the billowing music
Drifting around us like voices of love,
And thus surrender to blissful delusion,
Happily imagining what never can be.

Eye to eye and cheeks aglow,
With quivering sighs of yearning desire!
Ah! When the hours of joy are over
Only sorrowful longing is left in our breast.

That which has wilted will no longer bloom,
Our rosy youth will never return,
So while our hearts are still aflame
Let us love for love's sake; May is yet smiling.

1. Walzer

(Johann Peter Lyser)

Clara Schumann (1819–1896)

Allegro non troppo

Horch! Welch' ein sü - ßes har - mo - ni - sches

Klin - gen. Flüs-tern er - hebt sich zum ju - beln-den Laut.

Edition Peters 11570b

34465

die uns wie Stim-men der Lie-be um - weh'n, ____ die uns wie Stim-men der Lie-be um-

ritard.   *a tempo*   *poco ri -*

-weh'n: So uns der se - lig-sten Täu-schung er - ge - ben, glück-lich es wäh-nen, was

colla voce

-te - nu - to *ten.*

nie kann ge-scheh'n, glück-lich es wäh-nen, was nie kann ge-scheh'n.

loco

Mai, drum e-he das Feu-er der Her-zen ver-glüht,___ Lie-be um Lie-be, Lie-be um

Lie-be, noch lä-chelt der_ Mai.

Horch!   Horch!

Welch ein sü-ßes har-mo-ni-sches Klin - gen,

Flüs-tern er-hebt sich zum ju-beln-den Laut. Lass mich dich,

rei-zen-des Mäd-chen, um-schlin-gen wie ein Ge-lieb-ter die lie-ben-de Braut,

wie ein Ge-lieb-ter die lie-ben-de Braut.

loco *ritard.*

Drei Lieder aus *Zwölf Gedichte aus Friedrich Rückert's Liebesfrühling* op. 12

Er ist gekommen in Sturm und Regen, op. 12 Nr. 2

Audio: backing track no. 2

Umfang / range: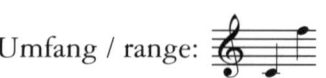

Zu Robert Schumanns 31. Geburtstag 1841 schenkte Clara ihm vier ihrer eigenen Vertonungen von Gedichten aus Friedrich Rückerts *Liebesfrühling*. Als Antwort schenkte Robert seiner Clara wenige Monate später den Erstdruck eines Gemeinschaftswerkes mit gleichem Namen. Sie war begeistert von diesem gemeinsamen „Liebesfrühling" – Friedrich Rückert ebenfalls. Er schrieb dem Paar: „Lang ist's, lang, seit ich meinen Liebesfrühling sang, [...] Und nun gar kommt im einundzwanzigsten Jahr ein Vogelpaar, macht erst mir klar, daß nicht ein Ton verloren war. [...] Nehmt meinen Dank, wenn euch die Welt, wie mir einst, ihren vorenthält!"

Im zweiten Lied der Sammlung, *Er ist gekommen in Sturm und Regen*, nutzt die Komponistin sowohl die steigende Melodie der Stimme als auch die raschen Arpeggien in der Klavierbegleitung, um den inneren Sturm des Sprechers darzustellen. Der Wechsel zwischen Dur und Moll in den Strophen spiegelt die Unsicherheit darüber, wie der Sturm ausgehen wird: Siegt am Ende die Verzweiflung oder die Hoffnung? Clara gibt darauf eine Antwort in ihrem überraschenden Dur-Nachspiel.

On Robert Schumann's 31st birthday in 1841, Clara gave him four of her own settings of poems from Friedrich Rückert's (). Robert answered a few months later with a gift to Clara on her birthday: the first print of a joint work by the same name. She was delighted by this shared 'Spring of Love' – and so was Friedrich Rückert. He wrote to the couple: 'Long it's been, long, since I've sung my love's spring song, [...] And now at last in the 21st year, there comes a pair of birds that finally makes it clear that not a single tone was lost. [...] Accept my thanks, even if the world withholds its gratitude, as it once did from me!'

In the second song of the collection, , the composer uses the ascending melody in the voice as well as the rapid arpeggios in the piano accompaniment to depict the inner storm of the narrator. The change from major to minor leaves the listener uncertain as to the outcome of the storm: will despair or hope triumph in the end? Clara gives an answer in her surprising postlude in a major key.

Er ist gekommen in Sturm und Regen

Er ist gekommen
in Sturm und Regen,
ihm schlug beklommen
mein Herz entgegen.
Wie konnt' ich ahnen,
dass seine Bahnen
sich einen sollten meinen Wegen?

Er ist gekommen
in Sturm und Regen,
er hat genommen
mein Herz verwegen.
Nahm er das meine?
Nahm ich das seine?
Die beiden kamen sich entgegen.

Er ist gekommen
in Sturm und Regen.
Nun ist gekommen
des Frühlings Segen.
Der Freund zieht weiter,
ich seh' es heiter,
denn er bleibt mein auf allen Wegen.

Friedrich Rückert (1788–1866),
aus: Lyrische Gedichte, Drittes Buch („Liebesfrühling")
from: Lyric Poems, Book Three ('Spring of Love')

He came in the storm and rain

He came
In the storm and rain,
My heart beating anxiously
In anticipation.
How could I know
That his path
Was to unite with mine?

He came
In the storm and rain,
Boldly taking
My heart away.
Did he take mine?
Did I take his?
Both came to meet each other.

He came
In the storm and rain,
And with him came
The bliss of spring.
My friend journeys on
But I watch in good cheer,
For he will be mine wherever he walks.

Drei Lieder
aus: Zwölf Gedichte op. 12

2. Er ist gekommen in Sturm und Regen
(Friedrich Rückert)

op. 12 Nr. 2

34465

9 (22)

Wie konnt' ich ah - nen,
Nahm er das mei - ne?

p

legato e dolce

p

12 (25)

dass sei - ne Bah - nen
Nahm ich das sei - ne?

sich ei - nen soll - ten mei - nen
Die bei - den ka - men sich ent -

15 (28)

We - - gen?
- ge - - gen.

crescendo

31

f

3. Er ist ge - kom - men in Sturm und Re - gen, er ist ge - kom - men

f

34

in Sturm und Re - gen!

37

Ruhig

Nun ist ge - kom - - - men des Früh - - - lings

40

Se - - - gen. Der Freund zieht wei - ter, ich seh' es hei - ter, denn

43

er bleibt mein auf al - len We - - gen, denn er bleibt mein auf al - len

Wegen. Nun ist gekommen des Frühlings Segen, der
Freund zieht weiter, ich seh' es heiter, denn er bleibt mein auf allen We-gen.

Drei Lieder aus *Zwölf Gedichte aus Friedrich Rückert's Liebesfrühling* op. 12

Liebst du um Schönheit, op. 12 Nr. 4

Audio: backing track no. 3

Umfang / range:

Anfang Juni 1841 schrieb Clara Schumann im Ehetagebuch: „Mit dem Componiren will's nun gar nicht gehen – ich möchte mich manchmal an meinen dummen Kopf schlagen!" Wenige Tage später schenkte sie Robert ihre vier Rückert-Vertonungen. Über diese Werke schrieb sie: „Möchten sie ihm nur einigermaßen genügen, dann ist mein Wunsch erfüllt" Auch wenn Clara ihr eigenes kompositorisches Talent selbst nicht würdigte, so tat dies doch ihr Publikum; ihre Beiträge zum gemeinsamen waren wesentlich beliebter als die ihres Mannes.

Das dritte Lied, , strahlt schon in den ersten Akkorden eine innige Ruhe aus. Clara Schumann komponierte das Lied strophisch, mit wiederkehrenden Harmonien zwischen den Strophen und pulsierenden Achteln, die die recht schlichte Melodie unterstützen. Erst bei der Wiederholung der letzten Strophe „Liebst du um Liebe" kommt die tieferliegende Leidenschaft zum Vorschein, um dann aber im Klaviernachspiel wieder sanft zugedeckt zu werden.

In early June, 1841, Clara Schumann wrote in her and Robert's marriage diaries: 'The composing won't go at all now – sometimes I want to beat myself over my stupid head!' A few days later, she presented Robert with her four Rückert settings. She wrote the following about these works: 'May they satisfy him just a little, then my wish will be fulfilled.' Even if Clara did not rate her own talent for composition, her public did; her contributions to the joint *Liebesfrühling* were significantly more popular than those of her husband.

The third song, *Liebst du um Schönheit*, radiates a profound sense of peace even in the first chords. Clara Schumann composed the song in a strophic form, adding recurring harmonies between the verses and pulsating quavers which support the simple melody. It is not until the repeat of the last verse, 'Liebst du um Liebe' ('If you love for love'), that the underlying passion emerges, before being covered again by the soft blanket of the piano postlude.

Liebst du um Schönheit

Liebst du um Schönheit,
o nicht mich liebe!
Liebe die Sonne,
sie trägt ein gold'nes Haar!

Liebst Du um Jugend,
o nicht mich liebe!
Liebe den Frühling,
der jung ist jedes Jahr!

Liebst du um Schätze,
o nicht mich liebe!
Liebe die Meerfrau,
sie hat viel Perlen klar.

Liebst du um Liebe,
o ja, mich liebe!
Liebst mich immer,
dich lieb' ich immerdar.

If you love for beauty

If you love for beauty,
O do not love me!
Love the sun instead,
With its golden hair!

If you love for youth,
O do not love me!
Love spring instead,
Who is young each year!

If you love for treasures,
O do not love me!
Love the mermaid instead
With her many lucid pearls.

If you love for love,
O yes, do love me!
If you love me always,
I will love you evermore.

Friedrich Rückert (1788–1866),
aus: Lyrische Gedichte, Drittes Buch („Liebesfrühling")
from: Lyric Poems, Book Three ('Spring of Love')

3. Liebst du um Schönheit

(Friedrich Rückert)

op. 12 Nr. 4

Nicht zu langsam

Liebst du um Schön-heit, o nicht mich lie - be! Lie - be die Son - ne, sie trägt ein gold' - nes Haar!

Liebst du um Ju - gend, o nicht mich lie - be! Lie - be den Früh-ling, der jung ist je - des Jahr! Liebst du um Schät - ze,

Edition Peters

34465

Drei Lieder aus op. 12

Warum willst du and're fragen, op. 12 Nr. 11

Audio: backing track no. 4

Umfang / range: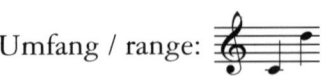

Das vorletzte Lied im Gemeinschaftswerk *Liebes-frühling* unterscheidet sich von den anderen beiden Beiträgen Clara Schumanns vor allem in der Rolle, die dem Klavier zugeschrieben wird. Im Gegensatz zur sonst stark atmosphärischen und unterstreichenden Rolle teilt die Komponistin im Lied *Warum willst du and're fragen* der Klavierstimme eine getragene, lyrische Melodie zu, die sie nach dem Vorspiel an die Singstimme übergibt. Ein rührender Dialog zwischen Gesang und Klavier beginnt, bei dem zunächst die Singstimme das fragende Thema auskostet. Als es aber heißt „sieh die Augen an" komponiert Clara das „Ansehen" durch ein gefühlvolles Zwischenspiel im Klavier mit hinein; die Melodie wandert dabei nahtlos zwischen Stimme und Klavier. Wie in ihren anderen beiden *Liebesfrühling*-Vertonungen wiederholt sie die wichtigste letzte Phrase („Ich liebe dich"), sodass diese zunächst einen nachdrücklichen Charakter bekommt und beim zweiten Mal tröstend wirkt.

The penultimate song in the joint work *Liebesfrühling* differs from Clara Schumann's two other contributions, particularly in the role that is assigned to the pianist. Unlike the usual strong atmospheric and supporting role, in *Warum willst du and're fragen* the composer assigns to the piano a sustained, lyrical melody which is then handed to the voice. A moving dialogue begins between singer and pianist, in which the voice relishes the questioning theme. Then, for the looking in 'sieh die Augen an' ('only look at my eyes'), Clara composes a soulful piano interlude, letting the melody wander seamlessly between the voice and the piano. Just as in her other two settings of poems from the *Liebesfrühling*, she repeats the last phrase ('Ich liebe dich': 'I love you'), giving it at first an insistent and then an almost comforting character.

Warum willst du and're fragen

Warum willst du and're fragen,
die's nicht meinen treu mit dir?
Glaube nicht, als was dir sagen
diese beiden Augen hier!

Glaube nicht den fremden Leuten,
glaube nicht dem eignen Wahn;
nicht mein Tun auch sollst du deuten,
sondern sieh die Augen an!

Schweigt die Lippe deinen Fragen,
oder zeugt sie gegen mich?
Was auch meine Lippen sagen,
sieh mein Aug', ich liebe dich.

Friedrich Rückert (1788–1866),
aus: Lyrische Gedichte, Drittes Buch („Liebesfrühling")
from: Lyric Poems, Book Three ('Spring of Love')

Why should you want to ask others

4. Warum willst du and're fragen

(Friedrich Rückert)

op. 12 Nr. 11

War-um willst du and're fra-gen, die's nicht mei - - nen treu mit dir? Glau-be nicht, als was dir sa - gen die-se bei - den Au-gen hier! Glau-be nicht den frem-den Leu - ten, glau-be nicht dem eig-nen Wahn; nicht mein Tun auch sollst du deu - ten, son-dern sieh die Au - gen an!

34465

Am Strande

Audio: backing track no. 5

Umfang / range: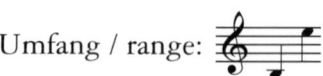

„Klara gab ich ein Lied v. Burns zu componiren; sie getraut sich aber nicht", schrieb Robert Schumann im gemeinsamen Ehetagebuch knapp einen Monat nach der Heirat 1840. Doch Clara stellte sich bald der Herausforderung und schenkte ihrem Mann zu Weihnachten. Im Ehetagebuch schrieb sie dazu: „Das Clavier ist seit 8 Tagen ganz in den Hintergrund getreten, Alle Zeit, wo Robert ausgegangen war, brachte ich mit Versuchen, ein Lied zu componiren".

Robert freute sich nicht nur im Ehetagebuch, dass seine Braut „wie ein Mädchen noch schwärmt und außerdem als viel klarere Musikerin als früher", sondern er veröffentlichte wenig später als Musikbeilage zu der von ihm gegründeten Neuen Zeitschrift für Musik. Zu Recht war er begeistert: Clara Schumann zeigte mit einundzwanzig Jahren unter anderem, dass sie die bewegungsreiche Stimmung, die der schottische Dichter aufbaut, in einer virtuos-leidenschaftlichen Klavierbegleitung wunderbar musikalisch umsetzen kann.

'I gave Clara a song by Burns to compose, but she hasn't ventured to do it yet', noted Robert Schumann in their joint marriage diary, scarcely one month after their wedding in 1840. However, Clara soon accepted the challenge and gave her husband *Am Strande* as a Christmas present. She wrote the following in the marriage diary: 'For the past week the piano has completely stepped into the background. All the time that Robert was away I spent trying to compose a song'.

Robert expressed his pleasure over his bride who 'is still as enthusiastic as a young girl, and in addition is a much clearer musician than before,' not only in the marriage diary, but also by publishing *Am Strande* soon after as a musical appendix in the Neue Zeitschrift für Musik (New Journal for Music), which he had founded. His enthusiasm is justified: at 21 years of age, Clara Schumann demonstrates, among other things, that she is wonderfully capable of translating the capricious mood that was built up by the Scottish poet into a virtuosic and passionate piano accompaniment.

Am Strande

Traurig schau ich von der Klippe
auf die Flut, die uns getrennt,
und mit Inbrunst fleht die Lippe:
Schone seiner, Element!

Furcht ist meiner Seele Meister,
ach! und Hoffnung schwindet schier;
nur im Traume bringen Geister
vom Geliebten Kunde mir.

Die ihr, fröhliche Genossen
gold'ner Tag', in Lust und Scherz
Kummertränen nie vergossen,
ach, ihr kennt nicht meinen Schmerz.

Sei mir mild, o nächt'ge Stunde!
Auf das Auge senke Ruh,
holde Geister, flüstert Kunde
vom Geliebten dann mir zu!

Wilhelm Christoph Leonhard Gerhard (1780–1858),
nach / based on „Musing on the roaring ocean" von / by
Robert Burns (1759–1796)

By the Ocean

From the cliffs I sadly gaze
At the ocean dividing us,
And fervently my lips implore
The elements to treat him well.

Fear is the master of my soul,
And, alas, my hope grows faint;
Only in my dreams do spirits
Bring me tidings of my beloved.

You, o cheerful companions
Of golden yore, who in revel and jest
Have never shed tears of grief,
Ah, you cannot know my pain.

Be kind to me, o nightly hour!
Let rest descend on my eyes,
And then, fair spirits, in whispers
Tell me tidings of my beloved.

34465

5. Am Strande

(Wilhelm Gerhard, nach Robert Burns)

34465

Scherz,____ Kum-mer-trä - - - nen nie____ ver-gos - sen,

ach, ihr kennt nicht mei - nen Schmerz.____

Sei_____ mir mild,_____ o nächt' - - ge

Mein Stern / *O Thou My Star*

Audio: backing track no. 6

Umfang / range:

Dieses Stück sprudelt geradezu vor positiver Energie von Anfang bis Ende, nicht zuletzt wegen der virtuos-bewegten Klavierbegleitung und der wellenartigen Dynamik. Das aufsteigende Thema für die Phrase „O du mein Stern" kommt zu Beginn jeder Strophe wieder und wird ebenfalls in den Zwischenspielen und im Nachspiel vom Klavier fanfarenartig übernommen. Mit einem schnellen Tempo und einer fast seufzenden Melodie der Singstimme fängt die Komponistin die überschwängliche, fröhliche Stimmung des Gedichtes wunderbar ein.

Clara Schumann vertonte 1846 dieses Gedicht ihrer Gastgeberin und Bekannten, Friederike Serre, bei einem Urlaub in Maxen, wo die Majorin Serre ein Landgut hatte. Zwei Jahre später veröffentlichte sie *Mein Stern* sogar zweisprachig – auf Deutsch und auf Englisch („*O Thou My Star*") – beim Londoner Verlag Wessel & Co. und schenkte das Stück dem German Hospital Dalston anlässlich einer Wohltätigkeitsveranstaltung.

This piece is bubbling with positive energy from beginning to end, not least because of the virtuosic, animated piano accompaniment and the wave-like dynamics. The ascending theme for the phrase 'O du mein Stern' ('O star of mine') recurs at the beginning of each verse and is also taken up, like a fanfare, by the piano in the interludes and the postlude. With a fast tempo and an almost sighing melody in the vocal part, the composer skilfully captures the exuberant, joyful atmosphere of the poem.

Clara set this poem, by her hostess and friend Friederike Serre, in 1846 during a vacation in Maxen, where Serre had an estate. Two years later, she published *Mein Stern* (*O Thou My Star*) in two languages – in English and in German – through the London publishing company Wessel & Co., and presented the piece to the German Hospital, Dalston, on the occasion of a charity event.

Mein Stern

O du mein Stern, schau dich so gern,
wenn still im Meere die Sonne sinket,
dein goldnes Auge so tröstend winket
in meiner Nacht!

O du mein Stern, aus weiter Fern,
bist du ein Bote mit Liebesgrüßen?
Lass deine Strahlen mich durstig küssen
in banger Nacht!

O du mein Stern, verweile gern,
und lächelnd führ' auf des Lichts Gefieder
der Träume Engel dem Freunde wieder
in seiner Nacht.

Friederike Serre (1800–1872)

Englische Fassung der Erstausgabe /
English version of the first edition:

O Thou My Star

O thou my star, so bright and far!
When deep in ocean the sun is sinking,
Thy golden eye seems so mildly blinking,
Amidst my gloom!

O thou my star, that shin'st afar,
Dost bring a greeting of love and gladness?
I'll kiss thy beams that dispel the sadness
Of life's dark gloom!

O thou my star! From thy bright car,
Descend like the angel of dreams beguiling
Earth's wary pilgrims with visions smiling,
And chace my gloom!

Leopold Wray (eigentlich / real name:
Clara Chatelain, 1807–1876)

O star of mine

6. Mein Stern / *O Thou My Star*

(Friederike Serre; englische Fassung von Leopold Wray)

O du mein Stern, schau
O thou my star, so

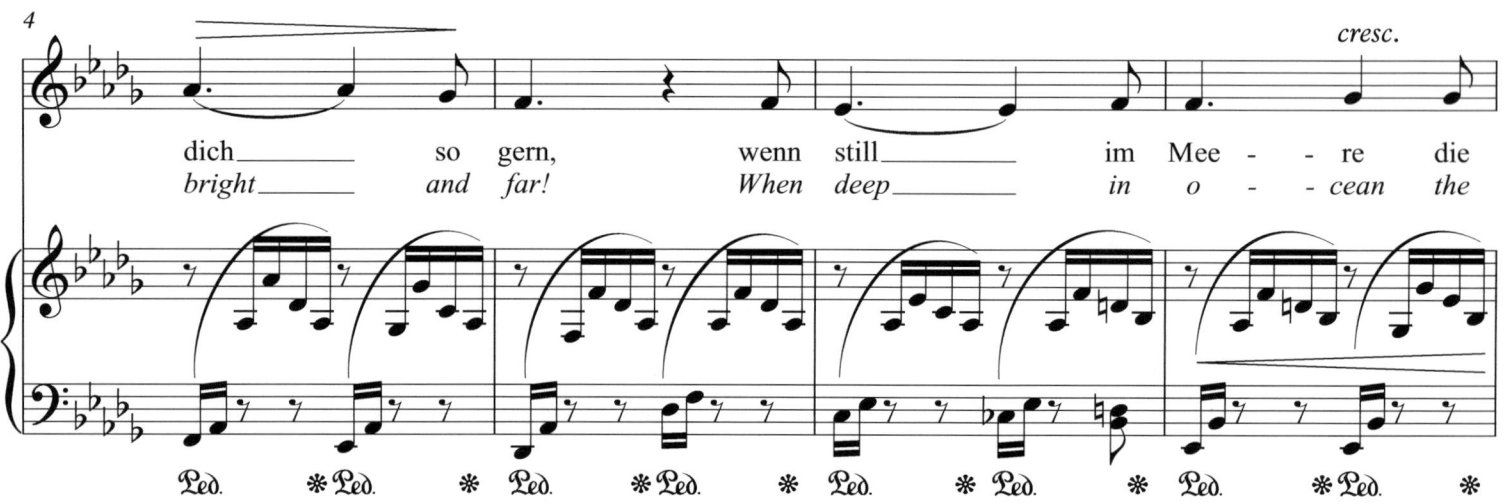

dich____ so gern, wenn still____ im Mee - - re die
bright____ and far! When deep____ in o - - cean the

Son - - - ne sin - ket, dein gold - - nes
sun____ is sink - ing, thy gold - - en

34465

Sechs Lieder op. 13

Ich stand in dunklen Träumen, op. 13 Nr. 1

Audio: backing track no. 7

Umfang / range: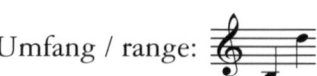

Ihre *Sechs Lieder* op. 13 hat Clara Schumann im Jahr 1844 veröffentlicht, jedoch komponierte sie *Ich stand in dunklen Träumen* viel früher: Sie schenkte es Robert unter dem Namen *Ihr Bildnis* bereits 1840 zu ihrem ersten Weihnachtsfest als Ehepaar.

In diesem Stück gelingt es ihr durch die stetigen Achtel in der linken Hand, die Unveränderlichkeit der Situation sowie die Gefühle des Erzählers zu unterstreichen. Nur im Vor- und Nachspiel setzen die Achtel für einen Takt ab, um Raum für eine verspielte Verzierungsfigur, nicht unähnlich denen ihres Mannes, zu geben – als dürfte die Erinnerung an die Geliebte kurz herbeiflattern. Der Bogen des Liedes spannt sich mit einem langsamen, aber stetigen Crescendo und einer harmonischen Verdichtung bis zum Höhepunkt „Auch meine Tränen flossen". Verwunderlich mag sein, dass die Komponistin, trotz des trübsinnigen Inhalts, das Lied in Es-Dur beginnen und enden lässt – vielleicht entschied sie sich hier bewusst für den schönen Traum und gegen die trostlose Realität.

Clara Schumann published her Six Songs Op. 13 in 1844. However, she composed *Ich stand in dunklen Träumen* much earlier: she presented it to Robert under the title *Ihr Bildnis (Her Image)* during their first Christmas as a married couple in 1840.

In this piece, she uses the constant quavers in the left hand to underline the unchanging situation and feelings of the narrator. The quavers stop for just one bar in the prelude and postlude, giving way to a playful ornamental figure not unlike those used by her husband – as if the memory of the beloved were allowed to flutter past for a short moment. The arc of the song spans from a slow but steady crescendo and harmonic intensification until it reaches the climax with 'Auch meine Tränen flossen' ('My own tears also flowed'). It is remarkable that the composer starts and ends the song in E♭ major, despite the melancholy content – perhaps she is making a conscious decision here to favour the beautiful dream over the bleak reality.

Ich stand in dunklen Träumen

Ich stand in dunklen Träumen
und starrte ihr Bildnis an,
und das geliebte Antlitz
heimlich zu leben begann.

Um ihre Lippen zog sich
ein Lächeln wunderbar,
und wie von Wehmutstränen
erglänzte ihr Augenpaar.

Auch meine Tränen flossen
mir von den Wangen herab –
und ach, ich kann's nicht glauben,
dass ich dich verloren hab.

Lost in dark dreams I stood

Lost in dark dreams I stood
Gazing at her image,
When those beloved features
Mysteriously came to life.

Around her lips played
A wonderful smile
And, as from wistful tears,
Her eyes began to glisten.

My own tears also flowed,
Running down my cheeks –
And, ah, I cannot believe
That I have lost you.

Heinrich Heine (1797–1856), „Ihr Bildnis"
aus: Buch der Lieder / from: Book of Songs

Ihrer Majestät der regierenden Königin von Dänemark Caroline Amalie ehrfurchtsvoll zugeeignet

Sechs Lieder op. 13
7. Ich stand in dunklen Träumen
(Heinrich Heine)

op. 13 Nr. 1

Edition Peters   34465   © 2019 by C. F. Peters Ltd & Co. KG, Leipzig

-bar, und wie von Weh-muts-trä - nen er - glänz - te ihr Au-gen-

-paar. Auch mei - - ne Trä-nen flos - sen mir von den Wan-gen her-

-ab, und ach, ich kann's nicht glau - ben, dass ich dich ver-lo-ren hab!

rit.

ritardando

Sechs Lieder op. 13

Sie liebten sich beide, op. 13 Nr. 2

Audio: backing track no. 8

Umfang / range: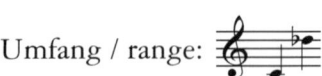

Robert nannte es „das Gelungenste, was sie bis jetzt überhaupt geschrieben hat", als Clara ihm 1842 dieses Lied sowie den an seinem Geburtstag überreichte. Nur wenige Monate zuvor hatte sie ihre erste Konzertreise als verheiratete Frau unter dem Namen Clara Schumann nach Kopenhagen unternommen. Die vielen Eindrücke ihrer Reise und die angenehme Bekanntschaft mit der Königin von Dänemark könnten sie dazu bewogen haben, wieder Lieder zu komponieren und diese zwei Jahre später in einer Sammlung zu veröffentlichen, die sie Königin Caroline Amalie widmete.

Trotz der Kürze des Liedes berührt durch die eindringliche Melodie und den ausdrucksvollen Dynamikwechsel. Heinrich Heines Gedicht endet mit der schaurigen letzten Phrase „Sie waren längst gestorben und wussten es selber kaum", welche Clara Schumann mit einem phantomartigen Nachspiel des Klavieres untermalt, in dem die Wehmut und die Düsterkeit des Textes Ausdruck finden.

Robert called it 'the most successful thing she has written so far' when Clara presented him with this song *Sie liebten sich beide* as well as *Liebeszauber* on his birthday in 1842. Just a few months earlier, she had embarked on her first concert tour as a married woman under the name Clara Schumann, which took her to Copenhagen. The many impressions gathered during her travels, as well as her friendly acquaintance with the Queen of Denmark, may have moved her to turn once again to Lieder composition and to publish these in a collection which she dedicated to Queen Caroline Amalie.

Despite the brevity of the song, *Sie liebten sich beide* touches the listener with its haunting melody and the expressive dynamic contrasts. Heinrich Heine's poem ends with an eerie last phrase, 'Sie waren längst gestorben und wussten es selber kaum' ('They had died a long time ago though they hardly knew it themselves'), which Clara Schumann accentuates through a phantom-like piano postlude, in which the wistful and sombre nature of the text finds expression.

Sie liebten sich beide *Heinrich Heine (1797–1856),*
aus: Buch der Lieder / from: Book of Songs

They both loved each other

They both loved each other, but neither
Was willing to confess;
They exchanged the most hostile glances
And inside were dying of love.

They finally parted, reuniting
Only rarely, in their dreams;
They had died a long time ago
Though they hardly knew it themselves.

8. Sie liebten sich beide

(Heinrich Heine)

op. 13 Nr. 2

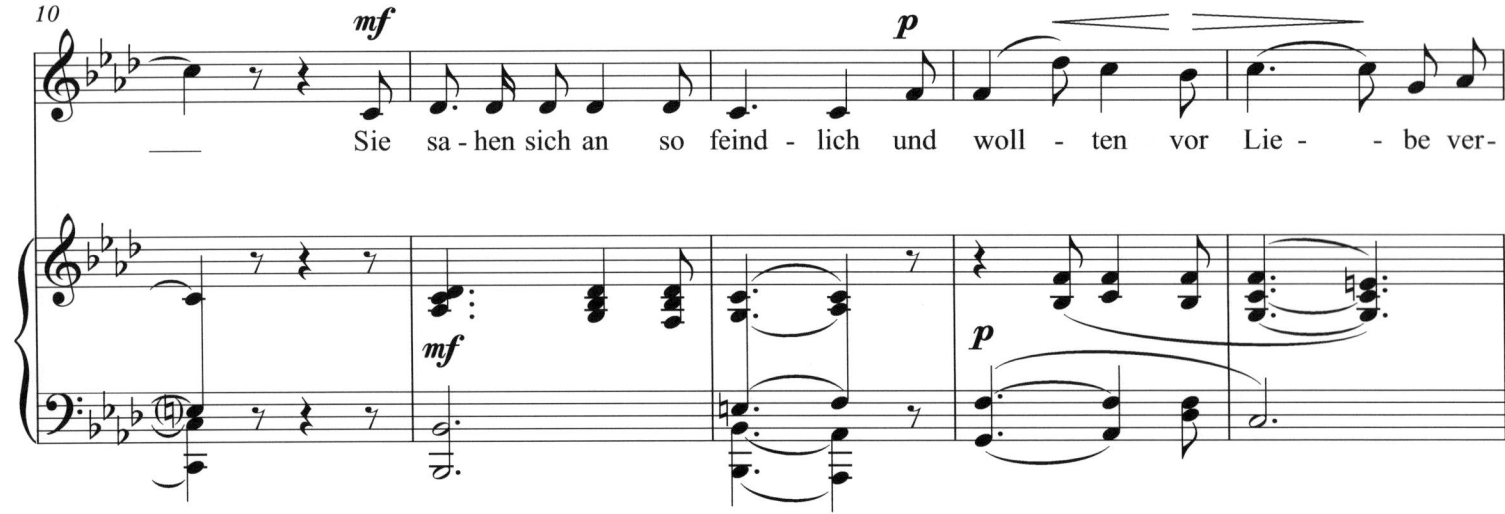

Edition Peters   34465

-gehn.   Sie trenn - ten sich end - lich

und sah'n sich   nur noch zu - wei-len im Traum.   Sie

wa - ren längst ge - stor - ben und wuss - ten es sel - ber kaum.

Sechs Lieder op. 13

Liebeszauber, op. 13 Nr. 3

Audio: backing track no. 9

Umfang / range: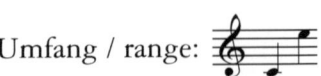

Das dritte Lied ihres op. 13, , schenkte Clara Schumann ihrem Robert zu seinem zweiunddreißigsten Geburtstag 1842. Sie weist in diesem Lied ihre Entwicklung als Komponistin auf: Die beiden Akteure – Pianist und Sänger – sind hier eng miteinander verwoben, sodass beide gleichberechtige musikalische Partner sind, die gemeinsam die Geschichte erzählen. Der Triolenteppich der Klavierbegleitung schafft die bewegte Grundstimmung, die in der Singstimme mit einer beflügelten Melodie unterstützt wird.

Besonders erstaunlich ist Claras Umsetzung der letzten Strophe des Geibel-Gedichtes, in der das lyrische Ich zu Wort kommt. Wie oft in anderen Liedern, wiederholt sie die letzte Phrase in der Singstimme, in diesem Fall jedoch bereits bei der vorletzten Strophe. Das Lied scheint beendet, doch dann folgt als eine Art Coda die letzte Strophe mit einer geheimnisvoll tief gesetzten Melodie, die sich von den anderen abhebt. Den „Widerhall" der Nachtigall lässt sie in einem wunderschönen Klaviernachspiel erklingen.

Clara Schumann presented this third song of her Op. 13 *Liebeszauber* to Robert on his 32nd birthday in 1842. The song demonstrates Clara's development as a composer: the story is told by both the piano and the singer, who are closely knit together as equal musical partners. The tapestry of triplets in the piano accompaniment provides the atmosphere, supported by a soaring melody in the vocal line.

Particularly astonishing is Clara's setting of the last verse of the Geibel poem, in which the poetic 'I' speaks. In many of her songs, the last phrase is repeated in the voice. However, in this song it is the last phrase of the penultimate verse that is repeated and the song seems finished, whereupon the last verse follows as a kind of coda, with a different, mysterious-sounding melody in the low register. Finally, the 'Widerhall' ('echo') of the nightingale sounds in a beautiful piano postlude.

Liebeszauber

Die Liebe saß als Nachtigall
im Rosenbusch und sang;
es flog der wundersüße Schall
den grünen Wald entlang.

Und wie er klang, da stieg im Kreis
aus tausend Kelchen Duft,
und alle Wipfel rauschten leis,
und leiser ging die Luft;

die Bäche schwiegen, die noch kaum
geplätschert von den Höh'n,
die Rehlein standen wie im Traum
und lauschten dem Getön.

Und hell und immer heller floss
der Sonne Glanz herein,
um Blumen, Wald und Schlucht ergoss
sich goldig roter Schein.

Ich aber zog den Weg entlang
und hörte auch den Schall.
ach! was seit jener Stund' ich sang,
war nur sein Widerhall.

The Magic of Love

Love sat as a nightingale
In the rosebush, singing;
Its wondrously sweet sound
Floated through the green forest.

And as it did, all around
Scents rose from a thousand blossoms,
And the treetops all rustled softly,
And the breeze blew more gently;

The brooks fell silent, which had barely
Been rippling down from the heights,
The fawns stood still as if dreaming
And listened to the sound.

And bright and ever brighter
The sun's bright gleam poured in,
Bathing flowers, forests and gorges
In a red-gold glow.

I was journeying along the path
And also heard that sound.
Alas! Every song I have sung since then
Has been a mere echo of it.

9. Liebeszauber

(Emanuel Geibel)

op. 13 Nr. 3

34465

28

floss — der Son - ne Glanz her - ein, um

a — — poco

f

31

Blu - men, Wald und Schlucht er - goss sich gol - dig ro - ter

f

f

34

Schein; um Blu - men, Wald und Schlucht er - goss sich gol - - dig

p

cresc.

38

ro - - ter Schein.

langsamer

fp

Sechs Lieder op. 13

Der Mond kommt still gegangen, op. 13 Nr. 4

Audio: backing track no. 10

Umfang / range: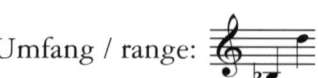

Clara Schumann wählte eine strophische Form für die Vertonung dieses Gedichtes von Emanuel Geibel; jede Strophe beginnt mit einer sich wiederholenden Note in der Singstimme, die sich zu einer Melodie ausweitet – so wie das Mondlicht sich über die Landschaft erstreckt. Ein regelmäßiger tiefer Basston im Klavier wirkt erdend gegenüber der schwebenden Melodie, die in der dritten Strophe zum Höhepunkt hinaufsteigt. Wieder erteilt Clara Schumann dem Klavier im Nachspiel das letzte Wort und verarbeitet die Aussage des Erzählers in den letzten atmosphärisch-geheimnisvollen Takten.

Es ist umso beeindruckender, dass sie im Juli 1843 weiterhin Lieder wie dieses komponierte, wenn man bedenkt, dass sie dies neben Konzerten und entsprechender Vorbereitungszeit, ihren mütterlichen Pflichten (mittlerweile hatten sie zwei Töchter), ihrer Lehrtätigkeit sowie der Vorbereitung einer großen Russland-Tournee tat. Anfang des darauffolgenden Jahres nahm sie *Der Mond kommt still gegangen* in ihre Sammlung von sechs Liedern auf, die sie der dänischen Königin Caroline Amalie widmete.

Clara Schumann chose a strophic form for her setting of the poem by Emanuel Geibel; each verse begins with a repeating note in the vocal part which expands into a melody – just as the moonlight stretches over the landscape. A recurring low bass note in the piano has a grounding effect on the floating melody, which climbs to its climax in the third verse. Clara again uses a postlude to give the piano the last word and to process the narrator's statement in the final mystical, atmospheric bars.

It is even more impressive that she continued to compose songs such as this in July 1843 when one takes into account that at the same time she was preparing for and performing concerts while also fulfilling her duties as a mother (she and Robert had two daughters by that time), in addition to teaching and making preparations for an extensive concert tour to Russia. At the beginning of the following year, she included in her collection of six songs which she dedicated to the Danish Queen Caroline Amalie.

Der Mond kommt still gegangen

Der Mond kommt still gegangen
mit seinem gold'nen Schein,
da schläft in holdem Prangen
die müde Erde ein.

Und auf den Lüften schwanken
aus manchem treuen Sinn
viel tausend Liebesgedanken
über die Schläfer hin.

Und drunten im Tale, da funkeln
die Fenster von Liebchens Haus;
ich aber blicke im Dunkeln
still in die Welt hinaus.

Emanuel Geibel (1815–1884),
aus: Jugendgedichte / from: Early Poems

The moon comes rising quietly

The moon comes rising quietly
With its golden glow
As, in splendid glory,
Weary Earth falls asleep.

And swaying on the breezes,
Many thousand thoughts of love
From many a faithful mind
Waft over those who slumber.

And down in the valley, aglow
Are the windows of my darling's home,
While I, in darkness, gaze
Silently out at the world.

10. Der Mond kommt still gegangen

(Emanuel Geibel)

op. 13 Nr. 4

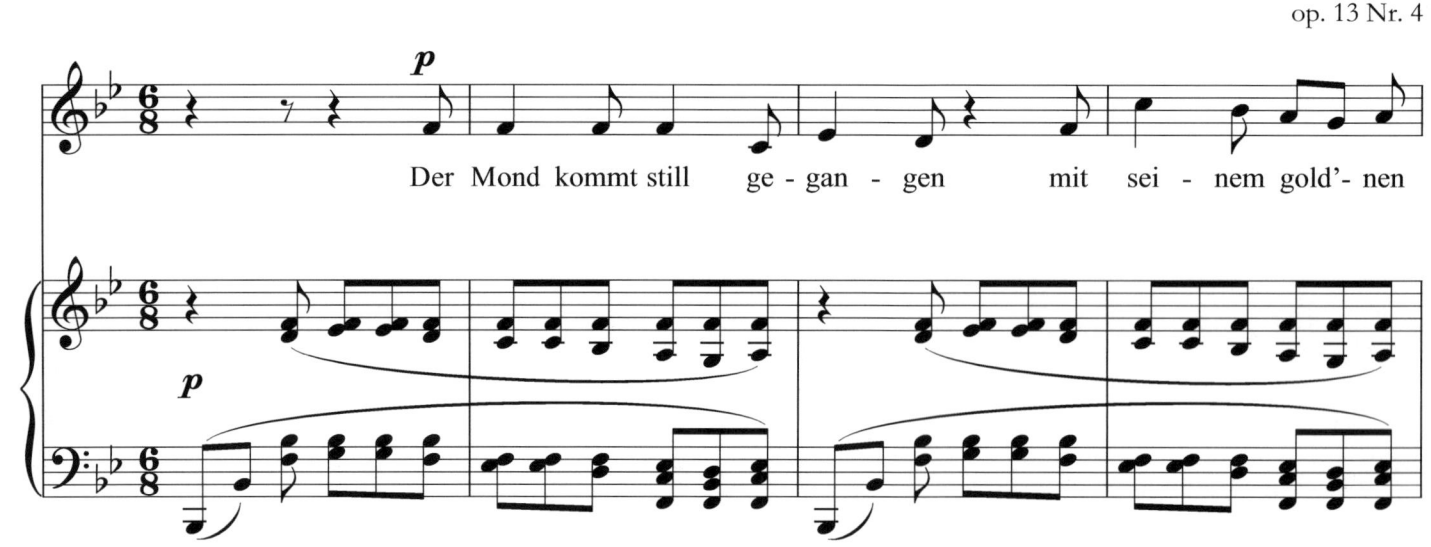

Der Mond kommt still ge - gan - gen mit sei - nem gold'- nen

Schein,____ da schläft in hol - dem Pran - gen die mü - de Er - de ein.

Und auf den Lüf - ten schwan - ken aus man - chem treu - en

Edition Peters

34465

Sechs Lieder op. 13

Ich hab' in deinem Auge, op. 13 Nr. 5

Audio: backing track no. 11

Umfang / range: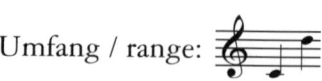

„An meinem (33sten) Geburtstag, d. 8ten Juni, hatte mir Kl.[ara] wie immer bescheert." So schrieb Robert Schumann im Ehetagebuch 1843, als Clara ihm drei Lieder schenkte – unter anderem die dramatische (Heine) und ein von der Stimmung völlig entgegengesetztes Lied, (Rückert). Dieses nahm die Komponistin ein Jahr später in die Sammlung op. 13 auf, die sie der dänischen Königin Caroline Amalie widmete.

Das Klavier hält sich bis zum krönenden Nachspiel zurück und stellt sich mit reichhaltigen Harmonien unter die Melodie, die sich elegant und mit trügerischer Einfachheit immer wieder auf den höchsten Ton d" hinaufschwingt. Allzu bald ist das bildreiche, rührende Rückert-Gedicht vorbei, und das Klavier darf im Nachspiel einen brillianten Höhepunkt erreichen, um danach in langsamen Arpeggien den Schimmer zu Boden sinken zu lassen.

'On my (33rd) birthday, the 8th of June, Clara as always gave me presents.' Robert Schumann wrote this in their marriage diary in 1843 when Clara presented him with three songs – including the dramatic *Lorelei* (Heine), as well as *Ich hab' in deinem Auge* (Rückert) which is thoroughly contrasting in mood. One year later, the composer included this song in her collection Op. 13 which she dedicated to the Danish Queen Caroline Amalie.

The piano part is restrained until the crowning postlude, and with its rich harmonies acts as a servant to the melody, which repeatedly reaches up to the highest note D with elegance and deceptive ease. All too soon the touching Rückert poem, rich with imagery, is over, and the piano is allowed to reach a brilliant climax in its postlude before finally letting the shimmer sink to the bottom in slow arpeggios.

Ich hab' in deinem Auge

Ich hab' in deinem Auge den Strahl
der ewigen Liebe gesehen,
ich sah auf deinen Wangen einmal
die Rosen des Himmels steh'n.

Und wie der Strahl im Aug' erlischt
und wie die Rosen zerstieben,
ihr Abglanz, ewig neu erfrischt,
ist mir im Herzen geblieben.

Und niemals werd' ich die Wangen seh'n,
und nie in's Auge dir blicken,
so werden sie mir in Rosen steh'n,
und es den Strahl mir schicken.

Friedrich Rückert (1788–1866),
aus: Lyrische Gedichte, Drittes Buch („Liebesfrühling")
from: Lyric Poems, Book Three ('Spring of Love')

In your eyes I saw

In your eyes I saw the ray
Of everlasting love
On your cheeks I saw at one time
The roses of heaven planted.

And as the ray in your eye dies out
And as the roses vanish,
Their lingering reflection, ever new,
Has remained in my heart.

And never will I see your cheeks
And never look into your eyes
Without visions of roses planted there
And a ray from them coming my way.

11. Ich hab' in deinem Auge

(Friedrich Rückert)

op. 13 Nr. 5

Langsam

Ich hab' in dei-nem Au - ge den Strahl der e - wi-gen Lie - be ge-

-se - hen, ich sah auf dei-nen Wan - gen ein-mal die Ro-sen des Him - mels

stehn.

Und wie der Strahl___ im Aug' er - lischt___ und wie die Ro - sen zer-

34465

Sechs Lieder op. 13

Die stille Lotosblume, op. 13 Nr. 6

Audio: backing track no. 12

Umfang / range: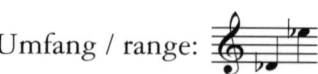

„Meine Frau sendet Ihnen hierbei mit ihren Empfehlungen ein kleines Liederheft, das sie recht bald gedruckt wünscht. […] Als Honorar gewähren Sie wohl das Übliche von 6 Louisdor…“. Diesen Brief schrieb Robert Schumann im August 1843 an den Verlag Breitkopf & Härtel, einen Monat nachdem Clara vollendet hatte.

Besonders bei dieser Geibel-Vertonung zeigt Clara ihre textmalerischen Fähigkeiten; gleich am Anfang lässt sie die Lotosblume mit der aufsteigenden Melodie der Singstimme hervorkommen. Das harmonische Fundament bildet wieder das Klavier mit einer schaukelnden rhythmischen Figur aus einer Triole und vier Achteln. Interessanterweise wählte die Komponistin ausgerechnet dieses als letztes Lied der Sammlung op. 13; es endet sowohl textlich als auch musikalisch mit einer Frage: Ein Dominantseptakkord beendet die Phrase „O Blume, weiße Blume, kannst du das Lied verstehn?“, als wollte die Komponistin dazu einladen, über das eigene Verständnis des Liedes zu reflektieren.

'My wife hereby sends you her regards and a small booklet of songs, which she wishes to have printed quite soon… Surely you will grant the usual sum of 6 Louisdor in fees…'. Robert writes this letter to the publisher Breitkopf & Härtel in August 1843, one month after Clara finished *Die stille Lotosblume*.

Clara particularly demonstrates her abilities to illustrate the text in music with this Geibel setting; right at the beginning she lets the lotus flower appear with the ascending melody in the vocal line. The piano forms the harmonic foundation with a swaying rhythmic figure comprising one triplet and four quavers. It is interesting that the composer chooses this to be her last song of the collection Op. 13; it ends with a question, both textually and musically: a dominant seventh chord ends the phrase 'O Blume, weisse Blume, kannst du das Lied verstehn?' ('O flower, white flower, do you understand its song?') – as if the composer wanted to invite the listeners to reflect on their own understanding of the song.

Die stille Lotosblume *Emanuel Geibel (1815–1884),*
aus: Jugendgedichte / from: Early Poems

The quiet lotus flower

12. Die stille Lotosblume

(Emanuel Geibel)

op. 13 Nr. 6

Die stil - le Lo-tos-blu - - me steigt aus dem blau-en

See, die Blät - - ter flimmern und blit - zen, der Kelch ist weiß wie

Schnee. Da gießt der Mond vom Him - - - mel all sei-nen gold'nen

34465

Schein, gießt al-le sei-ne Strah-len in ih — -ren Schoß hin-

-ein. Im

Was — -ser um die Blu — -me krei-set ein wei-ßer Schwan, er

singt so süß, so lei-se und schaut die Blu-me an. Er

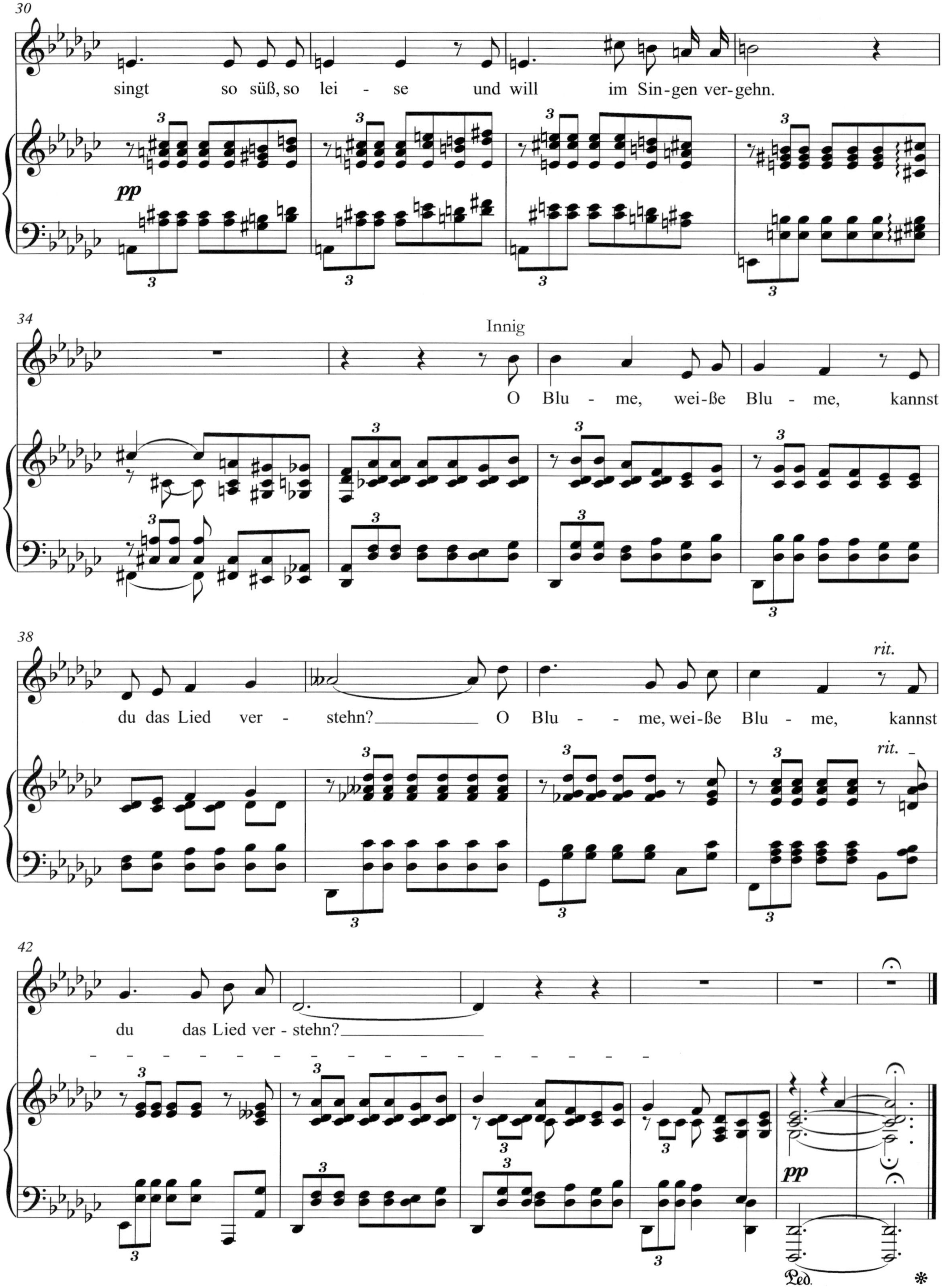
30
singt so süß, so lei - se und will im Sin-gen ver-gehn.
pp
34
Innig
O Blu - me, wei-ße Blu - me, kannst
38
du das Lied ver - stehn? O Blu - me, wei-ße Blu - me, kannst
rit.
42
du das Lied ver - stehn?
pp
Ped.
*

Loreley

Audio: backing track no. 13

Umfang / range:

Die bekannte Volksliedmelodie auf den Text des Gedichtes von Heinrich Heine wirkt gar zu harmlos im Vergleich zu Clara Schumanns Vertonung der *Loreley*. Es ist sicherlich eine ihrer dramatischsten Liedkompositionen überhaupt, die sie ihrem Mann im Juni 1843 zum Geburtstag schenkte. Die Komponistin macht die Geschichte der wunderschönen Sirene und den mit ihr verbundenen Gefahren für den Schiffer greifbar und lebendig durch das schnelle Tempo sowie die spannungsvolle, triolenartige Klavierbegleitung. Darüber lässt sie die Stimme manchmal in schwebenden, manchmal in sehr rhythmischen Phrasen die Sage erzählen.

Die emotionsgeladene Steigerung im Stück bis hin zum Untergang des Schiffes stellt eine Herausforderung nicht nur für die Sängerin, sondern auch für den Pianisten dar – nicht unähnlich jener im *Erlkönig* von Franz Schubert, den Clara sicherlich kannte. In ihrem eigenen Werk konnte die Dreiundzwanzigjährige nicht nur ihre technische Exzellenz zeigen, sondern auch ihre kompositorische Fertigkeit, an der sie trotz der Geburt ihres zweiten Kindes zwei Monate zuvor weiterhin feilte.

The well-known folk tune to Heinrich Heine's poem seems harmless in comparison to Clara Schumann's setting of the . Possibly one of the most dramatic of her songs, she presented it to her husband on his birthday in June 1843. The story of the beautiful siren and the danger she presents for the sailor comes alive and is made tangible through the fast tempo and the exciting, triplet-like piano accompaniment. Riding on top of this, Clara has the singer tell the saga through at times floating, at other times very rhythmic phrases.

The emotionally-charged progression of the piece right up until the shipwreck presents a challenge not only for the singer, but also for the pianist – not unlike that of Franz Schubert's , with which Clara was surely familiar. In this work, the 23-year-old Clara not only demonstrated her technical excellence, but also her compositional maturity, which she was continuing to develop despite the birth of her second child two months earlier.

Loreley

Ich weiß nicht, was soll es bedeuten,
dass ich so traurig bin;
ein Märchen aus alten Zeiten,
das kommt mir nicht aus dem Sinn.

Die Luft ist kühl, und es dunkelt,
und ruhig fließt der Rhein;
der Gipfel des Berges funkelt
im Abendsonnenschein.

Die schönste Jungfrau sitzet
dort oben wunderbar,
ihr gold'nes Geschmeide blitzet,
sie kämmt ihr gold'nes Haar.

Sie kämmt es mit gold'nem Kamme
und singt ein Lied dabei;
das hat eine wundersame,
gewaltige Melodei.

Den Schiffer im kleinen Schiffe
ergreift es mit wildem Weh;
er schaut nicht die Felsenriffe,
er schaut nur hinauf in die Höh'.

Ich glaube, die Wellen verschlingen
am Ende Schiffer und Kahn;
und das hat mit ihrem Singen
die Loreley getan.

Heinrich Heine (1797–1856),
aus: Buch der Lieder / from: Book of Songs

Loreley

I do not know what it is
That makes me so very sad;
There is a tale from days of old
That I cannot get out of my mind.

The air is cool and dusk is falling
And calmly flows the Rhine;
The top of the mountain sparkles
In the glow of the evening sun.

The most beautiful maiden sits
Up there, a wonderful sight,
Her golden jewellery twinkling,
She combs her golden hair.

She combs it with a golden comb,
At the same time singing a song
That has the most enchanting,
Powerful melody.

The boatman in his little boat
Is gripped by savage ache;
He does not look out for the rocky reefs,
He only looks up to the heights.

I believe the waves swallow up
Both boatsman and boat in the end;
And that, with her singing,
The Loreley has done.

13. Loreley

(Heinrich Heine)

Ich weiß nicht, was soll es be-deu-ten, dass ich____ so trau-rig

bin;

ein Mär-chen aus al-ten Zei-ten, das kommt mir nicht aus dem

Sinn. Die Luft ist kühl,__und es dun-kelt, und ru-hig fließt der

34465

Rhein; der Gip - fel des Ber - ges fun - - kelt im A - - bend-son - nen - schein. Die schön - ste Jung - frau sit - zet dort o - ben wun - der - bar, ihr gold'- nes Ge-schmei - de blit - - zet, sie

kämmt ihr gold'-nes Haar.____ Sie kämmt es mit gold'-nem Kam-me und

singt ein Lied da-bei;

das hat ei-ne wun-der-sa-me, ge-

-wal-ti-ge Me-lo-dei. Den Schif-fer im klei-nen

Schif - fe er - greift es mit wil - dem Weh;

er schaut nicht die Fel - sen -

- rif - fe, er schaut nur hin-auf in die Höh'. _____ Ich

glau - be, die Wel - len ver-schlin - gen am En - de Schif - fer und

Audio: backing track no. 14   Umfang / range:

Die Textvorlage für diese Komposition, die erst kürzlich veröffentlicht wurde, stammt von der Majorin und Kunstliebhaberin Friederike Serre, die mit ihrem Mann auf ihrem Landsitz in Maxen viele Künstler- und Musikerpersönlichkeiten einzuladen pflegte. Clara hatte bei der Majorin Zuflucht und Unterstützung gefunden in der schwierigen Zeit vor der Heirat, als ihr Vater Friedrich Wieck ihr seine Erlaubnis zur Ehe mit Robert Schumann verweigerte. Später waren Clara und Robert mehrmals dort zu Gast, zumal das Paar seit Ende 1844 im nahegelegenen Dresden wohnte. 1846 vertonte Clara Schumann bei einem Erholungsaufenthalt in Maxen unter anderem dieses Gedicht der Majorin Serre, *Beim Abschied*.

Clara, inzwischen vierfache Mutter, nimmt bei der Vertonung dieses Gedichtes die Regelmäßigkeit der Strophen in den regelmäßigen Rhythmus des Liedes auf. Besonders die Akkordbegleitung im Klavier bildet eine beruhigende Basis, auf der die Melodie sich auf- und abschaukelt. Fast wie ein Wiegenlied wirkt *Beim Abschied*, schlicht und elegant, wie das Gedicht.

The textual template for this composition, which has only recently been published, stems from the art-loving patron Friederike Serre who, together with her husband, regularly invited artists and musicians to their country estate in Maxen. Clara had sought refuge and support with Serre during a difficult time when her father, Friedrich Wieck, refused to give his permission to Clara's marrying Robert Schumann. Later, Clara and Robert were frequent guests, especially from late 1844, when the couple lived in nearby Dresden. In 1846, during a vacation in Maxen, Clara Schumann set , a poem by Friederike Serre.

Clara, by then a mother of four, translates the regularity of the verses into the regularity of the song's rhythm. In particular, the chordal accompaniment in the piano forms a calming foundation upon which the melody swings back and forth. Almost like a lullaby, has a simple and elegant effect, much like the poem.

Beim Abschied

Purpurgluten leuchten ferne,
golden sinkt der lichte Tag,
einzeln werden Silbersterne
an dem Himmelsbogen wach.
Und des Tages Königin
trägt ihr Haupt zum Schlummer hin;
noch ein Gruß, auf Wiedersehn,
's ist kein Abschied, kein Vergehn.

Schatten deckt die weite Erde,
auf den Fluren lagert Nacht.
Armes Herz, nun stille werde,
das der Tag so müd gemacht.
O erscheine lieb und mild
mir im Traume, süßes Bild!
Noch ein Gruß, auf Wiedersehn,
's ist kein Abschied, kein Vergehn.

Ach, es rinnen heiße Tränen,
bald ein seliges Gefühl,
bald ein schmerzlich banges Sehnen
mir die Brust zerbrechen will.
Nur der Traum führt es zurück,
das zu schnell entschwundne Glück.
Noch ein Gruß, auf Wiedersehn,
's ist kein Abschied, kein Vergehn.

Wenn ins Abendrot ich sehe,
und die Sonne sinkt herab,
denke ich an all das Wehe,
das ich schon bestanden hab.
Ach, vielleicht der nächste Morgen
Hebet alle, alle Sorgen.
Drum getrost, auf Wiedersehn,
's ist kein Abschied, kein Vergehn.

Friederike Serre (1800–1872)

On Parting

A crimson glow shines in the distance,
Golden-hued the bright day wanes,
One by one silvery stars
Awake on the sky's arched vault.
And the queen who rules the day
Bears her head down towards sleep;
A last word of parting, of meeting again,
This is not farewell, not an ending.

Shade now covers earth's expanse,
Night rests on the open land.
Poor heart of mine, be tranquil now,
Left weary by the day.
Come appear to me, tender and mild,
In my dreams, o sweet image!
A last word of parting, of meeting again,
This is not farewell, not an ending.

Alas, hot tears are flowing,
One moment it is a feeling of bliss,
The next a sorely anxious longing
That fills my breast to bursting.
Only in dreams will it now return,
That joy which was lost too soon.
A last word of parting, of meeting again,
This is not farewell, not an ending.

When I look at the red evening sky
And the sun descends to set,
I think of all the many woes
That I have overcome.
Ah, perhaps the coming morn
Will lift my every sorrow.
So take heart, here is to meeting again,
This is not farewell, not an ending.

14. Beim Abschied

(Friederike Serre)

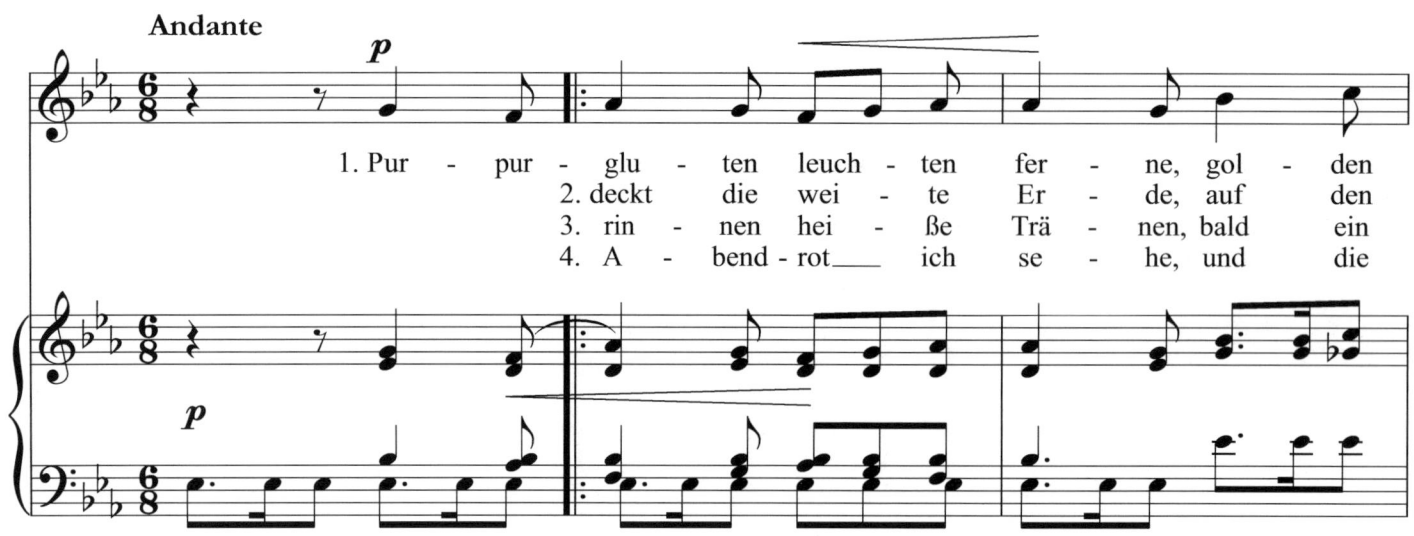

1. Pur - pur - glu - ten leuch - ten fer - ne, gol - den
2. deckt die wei - te Er - de, auf den
3. rin - nen hei - ße Trä - nen, bald ein
4. A - bend - rot___ ich se - he, und die

sinkt der lich - te Tag, ein - zeln wer - den Sil - ber - ster - ne an dem
Flu - ren la - gert Nacht. Ar - mes Herz, nun stil - le wer - de, das der
se - li - ges Ge - fühl, bald ein schmerz - lich ban - ges Seh - nen mir die
Son - ne sinkt her - ab, den - ke ich an all das We - he, das ich

Him - mels-bo - gen wach.   Und des
Tag so müd ge - macht.   O er -
Brust zer - bre - chen will.   Nur der
schon be - stan - den hab.   Ach, viel-

34465

Ta - ges Kö - ni - gin / trägt ihr Haupt zum Schlum - mer hin; noch ein
-schei - ne lieb und mild / mir im Trau - me, sü - ßes Bild! Noch ein
Traum führt es zu - rück, / das zu schnell ent-schwund - ne Glück. Noch ein
-leicht der näch - ste Mor - gen / he - bet al - le, al - le Sor - gen. Drum ge -

Gruß, auf Wie - der - sehn, 's ist kein Ab - schied, 's ist kein Ab - schied,
Gruß, auf Wie - der - sehn, 's ist kein Ab - schied, 's ist kein Ab - schied,
Gruß, auf Wie - der - sehn, 's ist kein Ab - schied, 's ist kein Ab - schied,
-trost, auf Wie - der - sehn, 's ist kein Ab - schied, 's ist kein Ab - schied,

kein Ver - gehn.
kein Ver - gehn.
kein Ver - gehn.
kein Ver - gehn.

2. Schat - ten
3. Ach, es
4. Wenn ins

Online Audio

Clara Schumann
Jubiläums-Liederalbum | Anniversary Songbook
Ausgabe für mittlere-tiefe Stimme | Medium-low voice edition
Klavierbegleitungen eingespielt von | Piano accompaniments performed by

Daniel Grimwood